老人

心玲 著

目錄

來自高次元的序：天地人

大日如來

萬相在天，萬物在地，萬相萬物在人間。

人間是宇宙中的一個樞紐地，一處天與地的實驗場，一所精神文明與物質文明的學校。

你之所以能在這裡（地球），代表著你靈性的本質是堅強的，具備天與地的能量品質。也就是說，你們的靈質有大地的包容性和天的創造性。你們本是很美的，很閃亮的，bring bring 的。

但，既然地球是被設定為樞紐地、實驗場、學校，而你們身為地球人，共同集合在這次元、在這星球，整體的含意是：地球在三次元是高水準的星球，人類在三次元是資優生，所以你們是檢選出來參與這場宇宙實驗計畫的。

更明確的人間說法就是：就像你們所說的特優班、實驗班，而地球人就是三次元的「資優生」。所以，你們要以地球為傲，以身為地球人為榮，這是一種殊榮、一道光彩、一份驕傲。

然而，聚集這群資優生「在一起」的結果會是如何？這就是所謂的實驗。在物質與精神的對立下，你站在哪一邊？你站對邊了嗎？你要的是生存還是生命？你成為價格還是價值？你的靈性是貧乏的還是富足的？這些都是實驗的內容。

實驗場就是一所學校，必須有教材。學校課本是你們的教材，老師是你們的教師，考卷是你們的成績單，畢業證書是你們的結業證明。課本、教師、考卷、畢業證書，是你們完成這段學習所必須具備、所必須經歷的過程。

「地球學校」更有你們學習的教材在其內。學校的教材是死板板的，地球學校的教材是活生生的，生龍活虎，精采的呢！它既刺激、冒險，也充滿感動、愛。沒有「勇敢」靈性本質的人，是不敢來地球成為地球人，參與這一場宇宙實驗計畫的。所以，你們是很棒的，這一點要給自己拍拍手、鼓鼓掌。

我來告訴你們，地球的教材有什麼？

「大自然」是你們的課本，「生活」是你們的老師，「關係」是你們的考卷，「四次元」是你們的畢業證書。現在的你，走到哪一步？問問自己，是否該快馬加鞭，否則被當掉的就是你。

被當掉可就不好玩了，也就是沒得玩了。在舊世代裡，可以重修再重修，修到你會了、懂了；但在當今的新世代裡，這樣的空間愈來愈小了，一批一批新的能量湧進地球，勢必得改造，任誰都無法置之度外。你們只能跟上，緊緊地跟上，否則就會成為「星際移民」或「宇宙難民」。如果你喜歡這樣的生命，那我們也只能隨你心、順你意了！

這一切的過程，只是要一個結果，就是：讓你、地球、宇宙更進化。這股推進的力量已經展開了，序幕已經開啟了，一場宇宙大戲已經上演了，要讓自己在這場戲中，成為演員之一，別只當觀眾，否則戲下了檔，你要何去何從？

第三本的主旨在身心靈合一的方法上，針對人類的需求，總共有二十個篇章。當你們能扎扎實實地做到，那你們的靈性層級將會大躍進，也就是你有資格成為演員之一，演得好不好，就要看你自己的功力了，但取得資格是首要之務，否則就沒戲唱、沒得演了。

我們一起來，一起行動，一起成長，讓「在一起」不是口號，而是真的「在」。我會用最大的「愛」，牽引你們；用最大的「關懷」，帶領你們；用最大的「服務」，幫助你們。

讓人、地球、宇宙總動員～

01 有

當你的「有」和宇宙中的「有」對接起來時，
你就具備了「創造性」。

「恐懼」也是你創造的，是人間充斥最嚴重的能量，
處理「恐懼」這問題，就是「取光」。

你想要「有」什麼？你不想要「有」什麼？你該「有」什麼？你不該「有」什麼？什麼是地球上的「有」？什麼是宇宙中的「有」？……你思惟過嗎？你明白嗎？相信大部分人既不清楚也不明白。更白的說，連想都沒去想。唉！生命都被你們糟蹋了，宇宙能量都白養你們了。

最重要的事，卻懵懵懂懂、迷迷糊糊；不重要的事，卻戰戰兢兢、汲汲營營。人類就是顛倒了，才會吃盡苦頭、叫苦連天！卻也真的「連天」了，因為我們都接收到、感受到，宇宙母親更知道！

現在把它反正，也就是翻轉，來個逆向操盤、能量轉換，那就會「該有的更有，沒有的變有」，統統包起來帶回家，讓你笑容滿面，生生世世富足，不是很好嗎？

我根據實況報導來告訴你們，人類該「有」的是什麼，不該「有」的是什麼，以及宇宙中「有」的是什麼。

當你的「有」和宇宙中的「有」對接起來時，那你就具備了「創造性」，也就是你手中握有了力量，能創造你所需的一切，一切你說了就算！

人性中最大的敵人就是「恐懼」，這是最不該有，卻是人間充斥最嚴重的能量。它障礙了你們本質「勇敢」的靈性，一但靈性被阻礙了，那創造的能量就被切斷了。

更明確的說，就是你們活在因果世界中，因果一層一層地包圍著你，也就是因果業力綁架了你的生命，生命又主導了你的生存型態。所以「鬆脫」你的因果是必然要做的；但不是「脫離」，因你無法脫離。因果是你活在地球的程式，即使加一個「，」號，少一個「—」號，所呈現的就是完全不同的生命。

別把事情想得那麼玄那麼奇，在宇宙中只是一撇之事，而你們卻要費盡心思去想：「真的？」「假的？」「為什麼？」「可以嗎？」「有嗎？」這些都是在生命程式中愈加愈多的符號，符號愈多，過程就愈長。

直接說明：當你的生命程式愈短，那你就愈有力量、愈有光彩，生存就愈輕鬆；當你的生命程式愈長，那你要經歷的過程就愈多，而這些能量被分散去處理你的業力，就無法形成「力量」。創造性的源頭是來自「力量」，力量都被你分光了，如何創造呢？

「恐懼」是形成這些符號的開端，一但你拿走它，這些符號就會「一次性刪除」，生命程式就會瞬間縮短，你就能快速改變生存模式。

首先，不要和它對立，一但你和它對立，它就會形成更大的能量來對應你。記得前二本書裡，我有一再說明：能量會找「好朋友」，會「成群結隊」。千萬不能讓它們團結起來，你的抵抗會造就它，用更大的力量來消滅你，你對它是沒辦法的。

用人間說法：三歲的小孩子是無法打贏三十歲的大人的，但三歲小孩可以「融化」三十歲大人。怎麼融化？首先你要接受並且明白，它比你大，它比你有力氣，你要用「四兩撥千金」。哪「四兩」？「簡單，柔軟，相信，願意」，當你這麼做時，「恐懼」就會腳底抹油，跑了，而且跑得可快呢！

前述談的都是「真理」，其實真理都是一樣，只是表達方式不同。而我是用人間淺顯的道理來說明，這會比較輕鬆，否則你們又要「思」又要「悟」，容易造成你們的負擔，而不要了；或是你們會加入自己的認知和認為，東加西加，就變質了，這樣就不對了！

注意了！三歲小孩對三十歲的大人，絕對不能比「力氣」，那你就會累癱；而是比「心境」，三歲小孩的天真、笑容、純淨、撒嬌，足以融化三十歲的大人。

知道了道理，現在要給的就是方法。

第三本的方法皆來自大自然的素材。在序裡我說過，大自然是你們的課本，透過大自然為媒介，讓你們能快速達至身心靈的合一。

「恐懼」這問題，要如何處理？就是「取光」。在人間，光的最高等級來自「太陽，月亮」。當你感受到無力感、沒有力量，徬徨、害怕……這些都是恐懼的因子。去曬太陽，運用太陽之光，給予你信心。「恐懼」是陰冷的，「太陽」是溫熱的，溫熱是消融陰冷最快速的方法。

想想：你們的衣服，經過太陽的照曬之後，和放在室內的晾乾，散發的味道是完全不同的，就是這道理。

但別把自己曬壞了，只要有感受到身體是暖暖的，心是溫溫的，就可以了。這方法，對你們可好的！隨時隨地都可做。

天上事、人間事，沒那麼複雜，是人類把自己弄亂了、弄雜了，再用很大的力氣，去處理這些「亂、雜」，哎呀！根本不必如此的。

「亂、雜」是愚昧的人所行的作為，做個智慧的人吧！

天地間的工具

曬太陽

A.運用太陽之光，給予自己信心。

B.「恐懼」是陰冷的，「太陽」是溫熱的，溫熱是消融陰冷最快速的方法。

C.只要感受到身體是暖暖的，心是溫溫的，就可以了。不要曬太久。

重現天日　69*90 cm　2016

歷史的軌跡，無奈難逃千年沉積的沙土層層相疊。憑靠考古學家傾力追尋，埋葬在地表深層的蛛絲馬跡，才能撥雲見日。

誠如因果世界，層層的業力綁架了生命。取太陽之光，消融恐懼，鬆脫因果，手中就能握有創造的力量。

——蘇一仲

02

固執

固執就是你把你自己關在「心牢」裡，
你能關自己，當然也能打開自己。
往大自然界走吧！
人的生命和自然界是「共生共存」的。

在人類裡，固執是屬於「障礙性的性格」，障礙了「新的、好的」發生，沉溺在「舊有」的存在裡。它像是一粒硬梆梆的石頭，任你怎麼打、怎麼敲，就是打不碎、敲不破，活生生、血淋淋地阻礙著你的人生；然後你變得很辛苦，很沉重地運轉著你的生命，生活變得很棘手，生存就像燙手山芋，丟不掉又必須捧著，又燙著你，不是很累嗎？

固執就是你被「關起來」，你把你自己關在「心牢」裡。人在牢裡，你能做什麼呢？什麼也無法做，只能任憑環境的磨難，只有萬般的無奈。

孰不知，是你自己關自己。你能關自己，當然也能打開自己，Key 在你的手中，只看你知道不知道、願意不願意？

停一分鐘，問問自己「願不願意」？如果願意，再往下看～

你是監獄的創造者，也是監獄的坐牢者，更是監獄的解放者。你是這三者的合體，也就是三位一體的人，自創、自做、自放，都是你自己！

來個源頭的總處理：沒有了監獄，你就不用坐牢，也不需要解放了，一切快速簡單。

不要冗長的道理，不要繁雜的學理，就往大自然界走。你們的生命程式和自然界的程式，是「共生共存」的，這其中的元素就是：你們要互相學習、互相依存。

學習是必然的，然而彼此依存的道理在哪呢？道理在宇宙空間裡。

每一個生物或個體，其實都有各自「內在固有」的振動頻率，也就是生命動能的「動」，這個「動」就是來自頻率。然而有機體（也就是你們）認為：「活」的生物，它並非由單一的振動頻率，而是「共」振的頻率。

在下一章，我會更深地探討這個問題，現在以「固執」這個主題論述。

「固執」是一個能量場，是一個振動頻率，它在空間裡會釋放出「信息波」。然而在大自然界裡，每一種礦物、植物、動物，甚至一粒沙、一顆石頭，都有它們自己的振動頻率，你們依據能量場域、振動頻率，造就了你們現在的形體。所以，你們都是「活」的，都是「動」的，你們都可以彼此傳遞「信息波」接收和放射的功能，進而達到和諧共進的頻率。

當你處在一個情緒時，這個情緒會在空間裡釋放出信息波。然而這個信息波會有兩個去向：

一，連結和它一樣的信息波，使其擴大。

二，尋找能夠消磁它的信息波。

會走哪一個去向，決定權在於你的「心」，在於你愛不愛你自己，在於你是否願意做自己生命的主人。

在宇宙空間裡，是一種供需的狀態，有需要就有供給的管道，有供給就有需求的通道，只是供需要平衡。一旦平衡了，就什麼都好了；但，一旦不平衡，就會有另一種狀態發生。什麼狀態？就要看比例的問題了。

人類和大自然是最直接的供需關係，它是幫助你們身心靈合一最貼近的通道和管道。

直接說明：當你釋放出一種能量時，它會轉換成信息波，形成一個振動頻率，這是你供給的；在自然界裡，就一定會有這需求存在。於是乎，你們相互共振了，也就是共鳴了，產生了互助的作用，也就是，你的舊衣服是他的新衣服，彼此成就了對方，不浪費能量，進而更提升。

「固執」這個能量、這個頻率，是剛硬的，運用「月亮之光」來融化是最快捷的。

你是否發現：當你凝望月亮時，你的心自然會柔軟，人是輕鬆的，自然你的靈就會揚升。道理很簡單：你們的供需關係是彼此對應的、交流的。

當你無法轉化自己的執著時，別再用力了，愈用力愈無力。運用「月亮之光」，柔柔的光能化解硬硬的心喔！

天地間的工具

沐浴在月亮之光

A. 以「月亮之光」融化剛硬的「固執」能量。

B. 凝望月亮時，心自然會柔軟，人是輕鬆的，自然你的靈就會揚升。

解「結」之道，在於跳脫框架，直指核心。

——蘇一仲

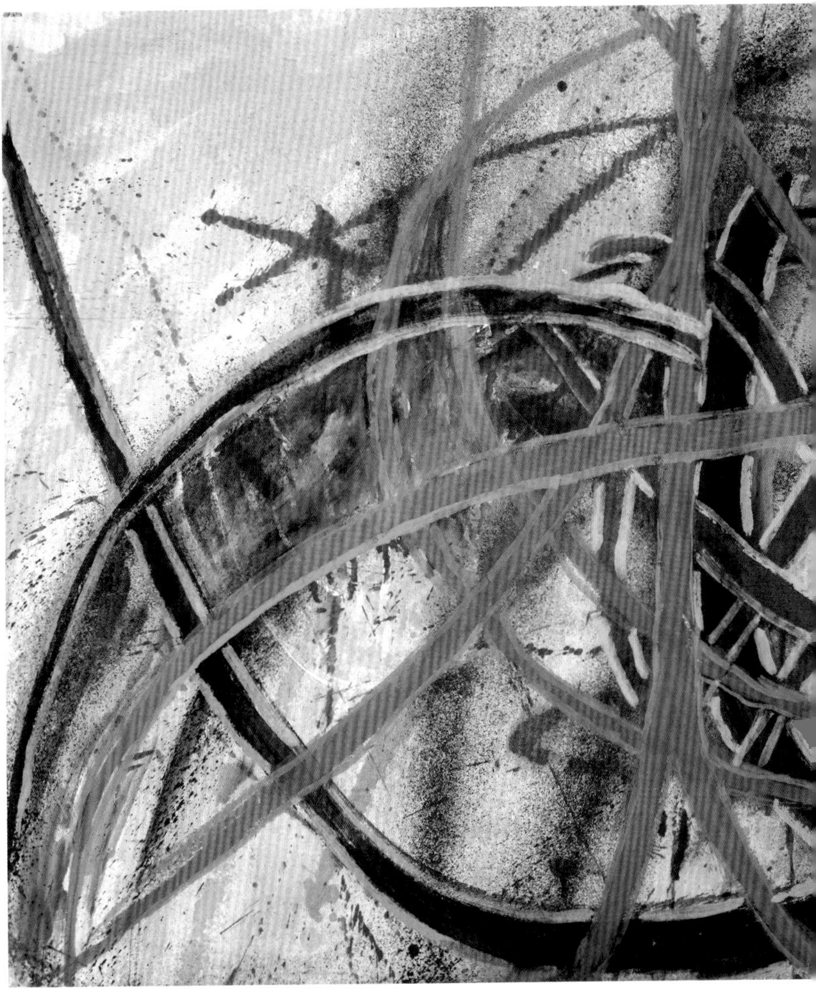

剪不斷　理還亂　70*136 cm　2015

03 依存

你在大自然裡的「身」，供給了你的生存；
你矗立在宇宙次元裡的「靈」，供給了你的能量。

先從「你」自己做起，
可進而改變集體意識與共同的生存型態。

「依存」，意味著所有生物有共融、共磁的生存使命，任何有「動」能的生物，都可站立在這次元的空間，也就是必須挪出空間，讓所有的人、事、物能夠「放置」。如同你的家，你必須騰出空間讓沙發、床、椅子、冰箱……有個放置空間，道理是一樣的。

不同的裝潢、顏色、家具、燈光……總體形成了你家的風格，也就是硬體＋軟體，造就了你居住的環境，也間接影響了你的心情和回家的意願。

「你」的這個「人」，在宇宙裡就如同一個家，要怎麼打造，你有相當的自主權。而這個權力來自於：你為自己做了什麼？

在人間，想要有個更大的空間（屋子），你必須努力賺錢，然後才會有所得，這個「得」必須透過你才能成為「有」，所以「你」是主角，是從「得」到「有」的轉介點。

「你」才是宇宙中的實相，所有命運、人、事、物，都是因你而運轉，進而運行成「狀態」與「實相」。所有的「狀態」與「實相」是依存在你身上而發生，而「你」要與誰依存呢？要與「自然界」依存，要與「宇宙高次元」依存。

你的「身」身處在大自然裡，供給了你的生存；你的「靈」矗立在宇宙次元裡，供給了你的能量。生存＋能量＝生命，這個基礎原理，一定要明白。

人類是處在三次元空間裡的，所以人與人之間的連結關係會是比較緊密的，也就是彼此間的影響會比較大。更深層的說法是：你們被干涉的層面較深，這就是所謂人類的集體意識和共業。

人和人是無法分離而獨自生活，但可先由個人處理開始，進而改變集體意識與共同的生存型態，先從「你」自己做起！

上一章我有提及，你每天的心境在整個空間裡是會散發出信息波，信息波會連結同等的信息波，再找回你。所以，你會發現，你每天都會找到好多朋友來到你身邊，但這些朋友是好朋友還是壞朋友，這是你要留意的。因為是你找他們的，他們是不會不請自來的，是你發了邀請卡，他們是依「卡」進門的。

每一個人都是依據生命程式在運轉，而這個生命方程式是隨時可以調整的，調整方式來自於：你和誰的信息波（能量＋磁場）共融或共磁。

簡單舉例說明～

你的生命方程式是：「1＋1＝2」，這個「＋」是你的消沉、惡習……你自然會不由自主地把這個信息波放射至空間裡，又找回五個「＋」回來。於是乎，你的程式轉變成「1＋＋＋＋＋＋1＝2」，形成了無比的沉重。當然囉，生活就更辛苦了！

你要做的是：把這個「＋」消磁，不在你的生命程式裡。去哪裡消磁呢？「水」，去找水，水的波紋，具有很大的消磁頻率。看著水紋的波動與投射回來的光，對你們身心靈有著很大的助益。

「水的波動」是一種頻率，「水的光」是一種能量，水的存在本質是奉獻，所以水集合了你們三位一體（身心靈）所需的元素，給了你們一個前往「愛」的通道。

孩子們！常到有水量豐沛的大自然裡，記得看看水波、水光，感受水的無私大愛，它是轉化你生命方程式的最佳益友！

感受水波、水光

A.常到有水量豐沛的大自然裡。

B.看著水紋的波動與投射回來的光，對身心靈有著很大的助益。

引導潮流　25*35 cm　2014

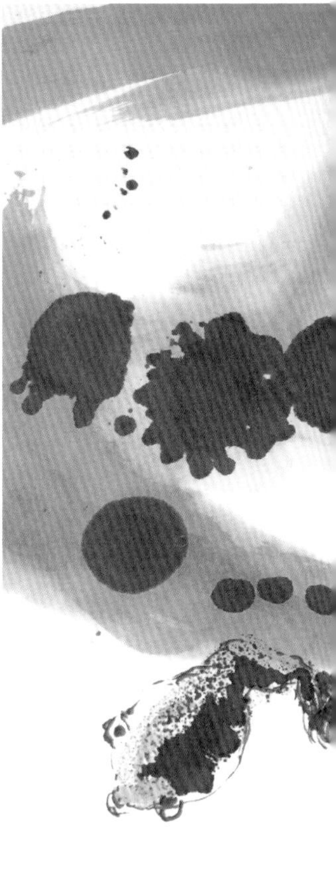

魚遨遊水中，魚幫水，水幫魚。只是，水的智慧，不只在幫魚。老子《道德經》：「上善若水，水善利萬物而不爭。」上善的人，就應像水一樣。水造福萬物，滋養萬物，卻不與萬物爭高下。世界上最柔的東西莫過於水，然而它卻能穿透最為堅硬的東西，沒有什麼能超過它，滴水穿石，弱能勝強，柔可克剛。

——蘇一仲

04 在與不在

大環境的能量場域是好的，個人要轉化就較容易；
大環境的能量場域是重的，「無力感」就來了。

要改變生命藍圖，就是拿走不好的，留下好的，放進新的。
與宇宙同在，你的「在」才是真的。

人們常說「在與不在」，而這個「在」或「不在」，是以形體來定義，也就是以身體來設定存在與否，這是低領域的認知和認為。身體是死的，能量是活的，是能量賦予了身體，才形成了你的生命。

然而，世間人只關注在實體（因眼睛看得到），對於能量卻漠視，或認為它是不存在的（因眼睛看不到）。真相卻是：你們眼睛看得到的，在宇宙裡是不高的等級；你們眼睛沒有看到的，在宇宙空間裡是較高的層級。原因在於振動頻率的不同。

所有人類共同生活在地球，地球是單一的能量，而這單一的能量來自於全體人類所散發而出的總和能量。所以，每個人都生活在同等質能的能量場域裡，這是公平的、平等的。

我要在此申明：因果業力更是宇宙公平法則，因果業力來自於你個人的「思想、感受」，也就是源頭是由你的「想」而形成了「受」，再由你的「受」而演化成「得」，就是這二部曲，造就了你的因果。

每個人帶著自己的因果，共同生活在同一能量裡。當大環境的能量場域是好的，你個人要轉化是較容易的；但當大環境的能量場域是重的，那就會形成重上加重，你更重了！

一旦你重了，「無力感」就來了，無事變成小事，小事變成大事，大事變成無法解決的事，生活的惡性循環就由此而生。因此，你要讓自己變輕盈，要輕盈首先要「鬆」。

別讓自己的能量緊繃，縮成一團，什麼都進不去，什麼都出不來，只剩下軀殼，那你當然「不在」良善的能量裡，而「在」低領域裡。

要常常去審查自己「在哪裡」？這是非常重要的，這關乎你身心靈的位置；而這個「位置」決定了你未來生命的次元和空間。

你想要「在」哪裡？「不在」哪裡？當你個人自身的力量不夠時，善用自然界的「磁力效應」是最有智慧的方法。

一事有一法，萬事有萬法，法法相應，應景應物，即會應人應心。善巧運用每個星球所賦予的自然資源，那就會應法應人，也就不枉費當初宇宙大能所設定的共同程式。

一個大程式的設計，是精算過各種礦、植、動、生物及自然界種種的磁力問題，彼此間的臍帶關係要能互融，也要能互抵。否則地球在宇宙軌道裡，會偏移、會反轉，甚至脫離，形成軸心不穩定，軸線會彎曲；那宇宙大能輸送給地球生物的生存能量會不完整，導致生物族群混亂，生物鏈會誤差連連，該存在的不存在，不該存在的存在，那地球、人類就會瀕臨危機。

所以，你們所處的環境，一定有相融與相抵的能量場域，端看你知與不知、用與不用。傻瓜才不用呢！

人一出生即帶著無明而來，無明來自於你累世細胞的記憶庫存，它就像是一個倉庫，存放著你過往的所思所為。不多不少，就是你自己，由這個庫存作為基底，造就你的生命藍圖。

想要改變這既定的生命藍圖，是絕對可以的。就是要「拿走不好的」，「留下好的」，不好的拿走了，才會有空間出來，「放進新的」。就這三個動作，你的「新生命藍圖」就呈現了，你就可以做自己的「主人」。

「無明」是你與生俱來的生存能量，讓你能站立在地球，去學習生命的智慧，進而提升生命的進展。

然而，你生活在地球上，地球也有與生俱來的生存能量（大自然），這兩股生存能量是要互相運作與運用，才能將這星球擴大及升等次元。這樣，對下之次元、平行次元、上之次元，都有著莫大的助益，因為宇宙本是一體的。

你的好，大家都會好；你的不好，大家也都會不好。

孩子們，要展開意識，打開生命的真要，你才能真正的「在」。要與宇宙同在，你的「在」才是真的。

無明是你帶來的，自然界是地球帶來的，而你生活、生存在其中，代表著你有運用這星球資源的能力和權力，只要有了「知」，就能「行」了！

我已將奧祕告訴你們了，現在，就是將具體的方法提出來教導你們。

「風」，是自然界裡所有信息波的總和能量。這樣說明好了：每一種植物都有各自的能量和振動頻率，所以它形成了現在的樣貌和功能性，繼而它會轉化成信息波，存在整個大空間裡。

所有自然界都是如此，山、水、海洋、礦物、植物……而「風」統合了這些信息波，也就是將這些多種能量集合在一起，以「風」的具象和體感，呈現在你們的生存環境裡。

「風」是很細緻和精微的能量，它能帶走你身上的無明，吹走無明、帶進清明，你們要細細地感受它，深深體會它的吹拂，要有覺知、有意識地運用它的存在。自然界是很樂意「服務」你們的，因為這是它們「在」的價值。你們好，它們也會更好。

「風」無所不在，表示你有隨時隨地淨化自己的機會。別放過這宇宙給的恩典，更別放過自己生命帶來的權力。常常吹吹風，換一個「新的自己」！

吹吹風

A.「風」統合了自然界裡所有信息波，以「風」的具象和體感，呈現在生存環境裡。

B.「風」是很細緻和精微的能量，它能吹走無明、帶進清明。

C.常常吹吹風，隨時隨地淨化自己，換一個「新的自己」！

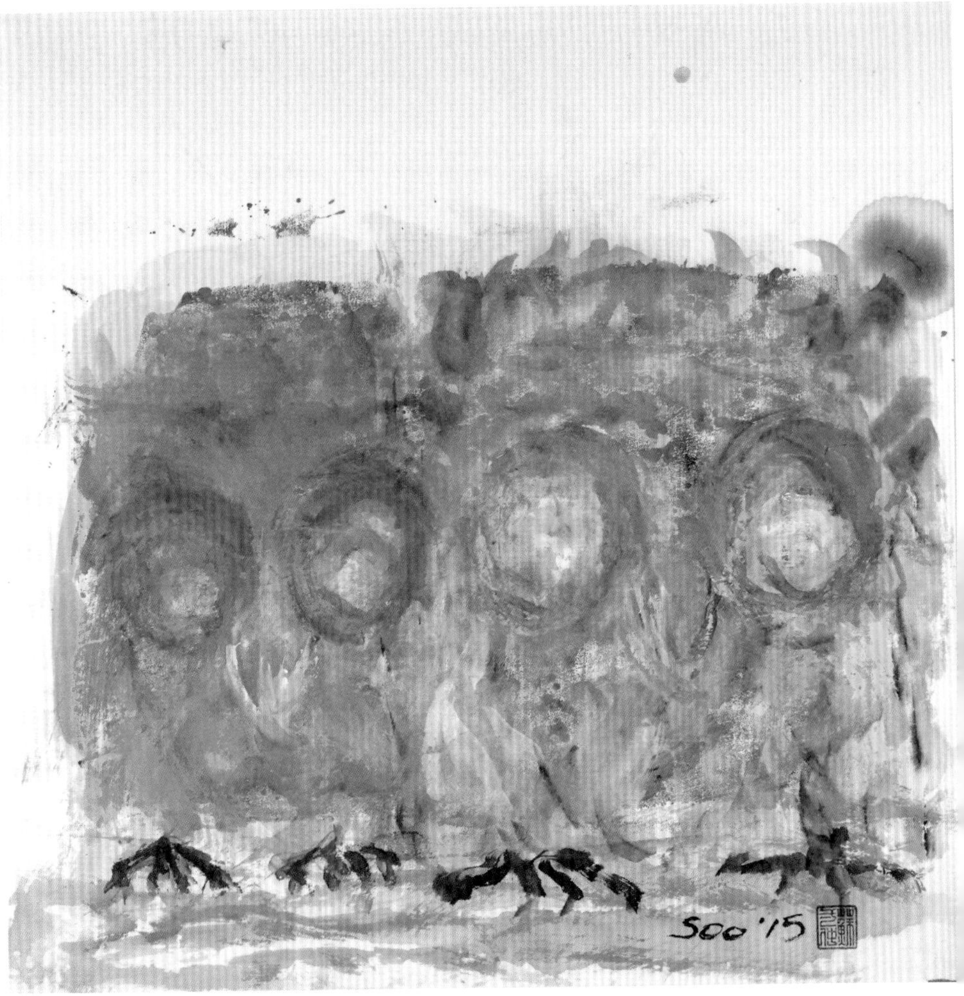

洞悉人性　34*34 cm　2015

05 人

你只為了身體軀殼而存在？還是物質和精神層面「平衡」了？
或者身體與靈魂合一，真正地矗立在宇宙空間裡？
一旦你進入了宇宙大門，就具備了「創造」的能力，
你就有了配備，有了工具，去重塑自我生命的未來。

人分三種：死人，人，活人。

「死人」的含意是被定調、被定格，沒有了流動性，沒有了精神力，只為了身體的軀殼而存在。

「人」的定義是一半存在一半感知，也就是對萬事萬物有感受，對情感有力度，對覺知有力道，對自我的存在還有賦予精神層面。

「活人」是身體與靈魂的合一，也就是「真人」，真正的生命，真正地矗立在宇宙空間裡。那是貫穿的，是連結的，是躍動的，是創造性的，是真的在「活著」。

三種人，三種處境～

「死人」的生命是沉甸甸，「沉」和「重」是他生命的呈現。藉由生存的「難」，表達了他生命的處境；藉由生活的「苦」，想喚醒生命的重整。

「人」的生命，有色彩，但沒有光度，他的生存是較輕鬆的，生活是較豐富的。因有著情感的正面流通，也就是他有覺知力去處理自我感受的狀況。更明確的說法是：能夠把人間彼此種種的「關係」安排好，在物質層面和精神層面達到「平衡」。

「活人」的生命是有著「光」，有著「亮」，而這個「光」與「亮」是進入宇宙大門的入學證。一旦你進入了宇宙大門，那你就具備了「創造」的能力和功能，也就是你有了配備，有了工具，去重塑自我生命的未來。你可以掌握自我生命的「要」，成就自我生命的「想」，因這個「要」、「想」連結了宇宙的源頭。

宇宙的源頭來自於「愛」，因愛而有了「光」，先有了光才能有「創造性」，有了創造性，你的生命才具備了「改變」的力量。這是一個循環，次序別弄亂了。

回到原點。如何能有「光」？在三度空間的人，只能是「死人」、「人」，因次元密度的問題；但你們的靈性是「光」的存在，所以，要連結你們的靈性，才能架接「光」到你們的生存空間。

簡單說明：靈魂有祂們所處的空間，這也是為何你們看不見、摸不著祂們。祂們大部分的時間是處於靈魂次元裡，在從事祂們各自修練的工作。如果在人間的你沒有去召喚祂，那祂就會專注在祂靈魂次元的狀態，而不知世間的你需要什麼協助和幫忙，更無法把安排好的機緣給世間的你。

I Who am I !　59*29 cm　2015

那就浪費了，浪費你的靈魂本身在宇宙所具備的能力。你浪費了祂，更浪費了自己，致使你在人間很辛苦，祂也無法展現功能，以及幫助你揚升靈性品質。這樣，對彼此都可惜了。

在世間的你，會是比較沉重的，連結靈性的障礙也會較多。所以，第一要素就是先處理「重」的問題。「重」出去了，就留有空間，放新的進來；否則空間有限，也就是你個人承載的「能量度」是有一定的「量」的。在這個「量」上，你要去選擇，想要在這個「量」裡，裝放什麼。這是非常重要的！

既然「量」是有限度的，那就把「有害」的清理，再加進「有利」的。一來一往，你就大大不同了。

怎麼清理呢？運用「土壤」。泥土是大地之母初始給予生物的生存泉源，所以，它極富生命力。這個強而有力的生命力，能幫助人類吸附身上的負能量，去除你身上的「重」，也就是幫你清理了。你乾淨了，「光」就願意和你連結，進而合一。因為靈魂（光）是純淨的，祂只進入乾淨的處所。

你們要「清醒」地去踩泥土、摸泥土。請求它的幫助，請求它帶走你的負面磁場與能量。更別忘了，獻上一份感謝與感恩之心喔！

天地間的工具

親近泥土

A. 泥土極富生命力，能吸附身上的負能量，幫你作清理。

B.「清醒」的去踩泥土、摸泥土，請求它帶走你的負面磁場與能量。

C. 獻上一份感謝與感恩之心。

06 靈魂和靈性

只有你的靈魂能帶領你離開那輪迴的漩渦，
去到那風平浪靜的地方。

你和你的靈魂互相合作，「生命」才能完整，
在宇宙裡才能成為「一」，真正地運轉「真我」。

「靈」象徵著一個存有，一個存在的真實體。祂和你一樣，有著形體和性格，也有著祂在宇宙空間裡所處的狀況和生存的條件，也有學習的功課，也有著人際關係。只是你的空間和祂的空間不同，但你們彼此是相互連接的。

簡單說明：你的身體就如同一台電腦，你的靈魂就如同網路，電腦需透過網路才能上網，才能接收到資訊；而資訊也需透過電腦才能顯示出來，方能使用。

看似兩個面向，其實是一體的，是合一的運作。電腦是硬體，網路是軟體；硬體＋軟體＝資訊，身體＋靈魂＝生命。身體只能在三維度裡，無法位移到其他次元；而靈魂可穿梭在次元空間裡（但依靈魂的品質，而到的次元也不同）。靈魂在宇宙空間裡吸取能量，也就是祂是個能量電荷，將這能量電流下載到身體這個載體，再形成具象，也就是你的生命、生活。

身體只具備功能性的大小，也就是你們健康與否；而靈魂的品質就如同硬碟空間有1G、2G、3G、4G、5G……品質越高的靈魂，在宇宙空間裡，所能涉及的廣度和深度就愈高、愈大。也就是輻射的領域愈寬廣、愈深遠，所能帶下來至人間的智慧和氣場，就愈有「內含物」；而這「內含物」

有足夠的力道來轉換你的「生命情境」，和其他人的「生命勢能」。因這「內含物」是宇宙大愛的濃縮體，並非人間人性的雜質。

身體是定格的，靈魂是遊走的；身體是功能性的，靈魂是創造性的。所以，你們不能只專注在身體方面，但你們要把身體鍛鍊好，讓其功能性加強，讓下載接收的效能最大化。

然而，心的觀照點要著重在靈魂的層面上，因靈魂的創造力才能真正改變實相的你。否則一樣的問題一直重複，你就像掉進了漩渦，在同樣的位置上，轉啊轉，結果把生命都轉完了。然而這漩渦，並非你生命結束了它就不存在，而是在你下一段新生命啟航時，再度等待你的光臨。這就是人間的遊戲法則。

只有你的靈魂能帶領你離開那漩渦，去到那風平浪靜的地方。因為身體是業力性的，你的每一個細胞都如實記載了你累累世世的所做所為、所思所想。那是一股強大的引力，牽動著你行走的方向，你很難跳脫的，因它會緊緊地抓住你，因它在你的身體裡。別和它對抗，而是換條路走。

走進你的靈魂裡，因靈魂和宇宙是連接緊密的，祂能汲取宇宙能量，下載能量至人間的你；一旦能量轉換了，業力的引動力就逐步逐步變小了，生活處境也就被調整。

所以，不用外求，先找到自己的靈魂（大我），祂會最願意幫助你的，因為你就是祂，祂就是你。別用身體用力，而是藉由祂在宇宙的位置和能力，助你一臂之力。

在此一提的是：你個人的總檔案紀錄是記載在你的靈魂裡，依據檔案內容，而決定了你每一世的角色扮演，也記錄你靈性上的學習和經歷；也就是，靈魂是你天上人間的總檔案紀錄表，而這表格清清楚楚地記載著，你所有失衡和平衡的課題。

簡單說明：你們每一個人都是一部電腦，每一個人都有一份檔案本，而這份檔案本是存放在靈魂裡，祂清楚明白檔案本裡的內容，因祂看得到，你看不到。祂會根據你在世間為人的過程中，哪些生命課題完成、哪些尚未完成，分成「平衡表」與「失衡表」二類。

祂會依據「失衡表」的內容，來分配你這一世所需要完成的功課，而以劇本劇情的方式，讓你進入這生命情境，才得以學習到；繼而結束這失衡功課，達至平衡，而後在這失衡表格上劃掉一筆。如果你尚未學習完成，那表格上會一直存檔，永遠跟隨著你，這一世、下一世、下下世……也就是和你形影不離、永相隨。

靈魂會依據每一世該完成的課題，以細胞記憶載入內容，也就是你這世的生命課題。所以，你們的身體會走入「緣分」，而這緣分是被設定、被安排的。只有這樣，你才能有機會去完成「失衡表」上的作業，這就是你們先天的「生命使命」。依照你們的說法，這就是「命」，緣分就是「運」，命運命運就是由此而來。

靈魂在你們人間，是無形、無色、無味的；但在宇宙空間裡，卻是最具象的，祂有光度、亮度、色彩、大小形體，和所散發出來的氣息，如如實實地呈現在整個宇宙裡。

還有，每個靈體也具備了不同的功能性，就是各有其「專業」的領域，負責著祂們在宇宙中的工作。

然而，靈魂也各自有不同的性格。這和每位靈體的出源地（祂在次元的誕生地），及年齡的大小、次元的學習資歷都有關聯，再加上祂來到地球為人，所累積的經驗值，總體的總和，形成了你靈魂現今的性格。

有些靈體很活躍、很勇敢、很有膽識、很有參與感，這些靈體就具備了很強的開創力；有些靈體很喜歡探索、很喜歡冒險、很喜歡嘗試，那這些靈體就具備了創新的能力；有些靈體喜歡安靜、喜歡獨處、喜歡沉澱，那就具備了自我成長和研發的能力；有些靈體較為膽小、較為禮讓，那就具備了成就他人的胸懷；甚至有些靈體具備了破壞性、萎縮、挑釁……種種的型態都有。但，都會影響在人間的你。因小我是在大我裡面，雖然靈魂和人間的你是在不同空間領域裡，但是相連的。如同母親懷胎，嬰兒在母親裡面，嬰兒的健康狀況、情緒的起伏，都會受到母親的影響，道理是一樣的。

因此，在人間的你，與這空間的靈魂是要共同成長的，你們與彼此有著很大的關聯。「人間的你」，要對因果業力有認知，把世間人、世間事的關係處理好；「靈魂的你」，要對宇宙能量有感知，在宇宙空間裡擴大正面能量，提升次元。

你和你的靈魂，要互相合作，這樣「生命」才能完整，在宇宙裡才能成為「一」，才具備了「生命方程式」，才能真正地運轉「真我」。

「星星」是星際所呈現的景象，能夠打開人的心鎖，邁向對次元的追尋，對靈魂的開擴有很好的助益；也可對宇宙星際的知識多加了解，讓自己的高度提升，而非只封閉在人間、在地球。

常常抬頭看「星星」，「星星」會告訴你很多事喔～

天地間的工具

看星星

A.「星星」能夠打開人的心鎖，有助於靈魂的開擴與提升。

B.常常抬頭看「星星」，它會告訴你很多事。

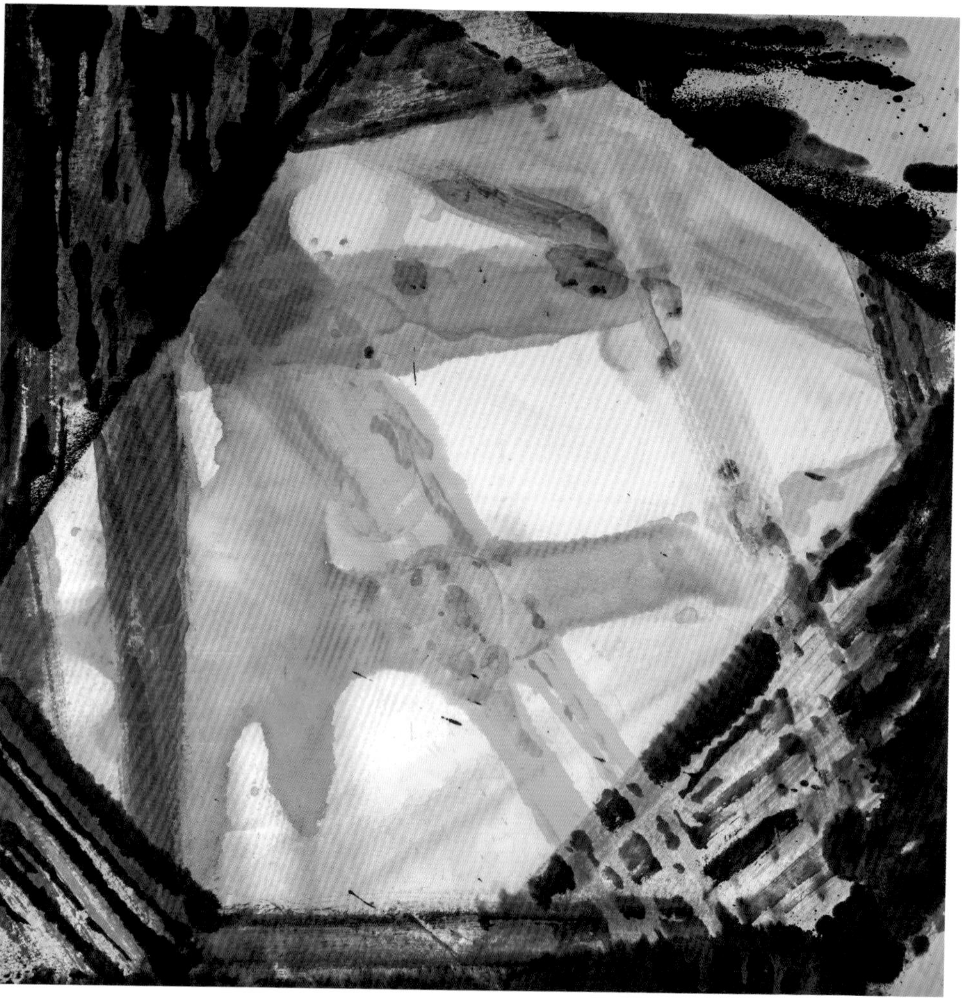

窗裡窗外　　68*69 cm　2015

你看到的是窗外的景色？還是窗裡的美色？

想起北京廣和劇場的對聯：「凡天下事，做如是觀；是局中人，往哪裡去？」

小小的框裡，上演著大千世界的百態，喜怒哀樂，高潮迭起。戲外的現實人生又何嘗不是如此！

——蘇一仲

07

來去之間

生命道路上的多貌景色，就是要淬煉你的生命品質，你經由這些形形色色的景色，找到自身的本質。

常常問你的心，問問它在哪裡？有沒有放對位置？你對它的關心，是它轉化的起源和動力。

風起雲湧，日出日落，花開花謝，都在這來去之間。

而這來與那去之間，有著什麼呢？

有著「定律」。宇宙有宇宙的「文定」，人間有人間的「律定」，而這兩者之間，有著動與不動的空格，「空格」裡裝著「文、法、律」，在這三者間變化與生成。

宇宙的「文定」，是一切光明論，凡不屬於此層面，皆無法碰觸及進入。就如水轉化成水蒸氣，需經過高溫的煮沸，質能的改變，也就是質化了。雖然它的本質是水，但純度與密度不同了，呈現的型態不一樣了，功能性也相異了，所存在的價值就截然不同，就是不同的「存有」，就有不同的存在意義。

「法定」就是那個空間、那個工序、那個過程。簡單的說就是：水到水蒸氣，煮沸的整個經歷，從冷水的十度到一百度沸水的變化。每一度的升溫，皆有產生不同的物質，裡面的微生物皆在轉變中，五十度有五十度的生物在其內活動，九十度有九十度的生物在其中生存；而裡面的內含物有什麼、沒什麼，定奪在溫度的高低，而這個「溫度」就是你的「靈性」。

「律定」就是人間的遊戲法則，只要你誕生在此空間，就有一定的律法必須依循，無法跳脫，因為這是你來到這空間的生命學習，也就是你的生命必須走進的一條道路，透過這條道路，才能進入宇宙。

而路上的多貌景色，就是要淬煉你的生命品質，經由這些形形色色的景色，找到自身的本質。景色有沙漠、高山、海洋、叢林……有險峻、有寧靜、有壯觀、有美好，皆在你的學習學分裡，一切都為你而設計與安排。

你的學分就是你的因果因緣，它是你生命的活動中心。直接說明，就是你的個人學校，它依據你個人的「缺」，而設計課程，而安排內容，一切都是為了讓你能更好。

「文定」是宇宙論，「法定」是方法論，「律定」即是因果業力論。

從因果業力走到宇宙，依靠的就是「方法」。什麼方法呢？身心靈的統合，要把三者找回來，別各自切割、各自處理、各自生活，那你的生命是支離，你的生活是破碎，你就必須一直留在學校裡，為了同樣的學分，生命一學再學又學，就成了「輪迴」。

突破「輪迴」的關卡就是「心」。心一轉，業力就跑了，境就變了，生活就會好了。

雨後竹林　137*69 cm　2016

常常問你的心，敲敲門，問問它在哪裡？有沒有放對位置？你對它的關心，是它轉化的起源和動力。

心一願意，願意幫助別人，願意有「利他」之心，就能突破人間與靈性連結，而靈性即能和宇宙接軌。

宇宙供給靈性充沛的能量，使你的靈性具備了力量。有了力量的靈性，就有創造的能源；有了這能源，就有改變的動源，改變了你的生命，轉變了你的生活。

「心」承上啟下，位居身、心、靈的中間體，是運轉的中心點。祂是你所有的基底，要和祂好好地相處，祂決定了你的一切。

「心」的柔軟很重要，一顆柔軟、溫暖的心，宇宙都會來幫助你。

你們可以透過外在世界來幫助內在世界，看看花、植物、動物的「成長變化」，感受生命每一個階段的美，體悟生命前進的感動；也可透過好的電影、電視、音樂，感觸多種生命的色彩，都能讓你的心有溫度、有軟度哦！

讓心柔軟

A.心一轉，有一顆柔軟、溫暖的心，業力就跑了，境就變了，生活就好了。

B.看看花、植物、動物的成長變化，感受生命每一個階段的美，體悟生命前進的感動。

C.透過好的電影、電視、音樂，感觸多種生命的色彩，能讓你的心有溫度、有軟度！

08

自省除惡

每一個生態圈並非單獨存在，而是連環效應。
所有的創造，都是來自於善的美意。

別以價值判斷來看待所謂人類「惡」的事蹟，
你的批評只會讓它更強大。

善與惡是均向且同等同步分布在整個大磁場環境內。它們亦敵亦友，內在運存的成分是個微妙關係，沒有了另一方，另一方將蕩然無存。

每一個次元對善、惡的定義是不同的，但都有其存在，我只以三度空間來加以說明。

我分兩個面向來述之：意識體和記憶體。意識體內存在頭腦，記憶體記載在細胞。更簡單的說明：一個在現在，一個在過去，但同時嵌入在你的身體中。

程式會如此設計，乃是宇宙大能依據靈魂的品質，分配在適宜的次元、合宜的星際，去延續每一個生命體的發展。

善與惡的綜合學習，才能成就自我的真相。所以，兩者皆為你們而存在，都是你們生命中需要的基本質素。

你們看待「善惡」要有新的見解，要進入較高的層面再反向回來，那你們看到的就會不同了。

就磁場能量而言，「善惡」皆為信息波，一個在信息波的一端，一個在信息波的另一端，它們各自把較相同屬性、較相同質等的，歸屬於同一個類別。也就是：波長的頻率是相近的，有些是能量相似，有些是磁場靠近。

當能量和磁場同時性都很高時，就會形成一股較大的動力、較深的引力，把同質性的頻率往裡面放，這就是牽力。就如同水中的漩渦，當漩渦和有關連的物質相碰觸時，就會把它們統統吸入它的空間裡；愈多物質雷同，漩渦的力量就會愈大，造成了從小漩渦變成大漩渦。

用「漩渦」的比喻法，應該較容易理解了：善惡在空間裡，就如同漩渦，只是一個在能量場域、一個在水領域，效應性是一樣的。

善在它歸屬的能量動能裡，惡也在它歸屬的能量動能裡，似乎兩者不相干；但其實它們是相關聯的，因為它們處在同一個大背景裡，就是同一個大環境，而它們只是大環境其中的生態之一。空間裡還有無數的生態圈（包含大自然、動物、植物、礦物……），相互連結、相互依存，讓整個空間呈滾動式的運作，也就是它是活的，是動的，才能有核心主力和宇宙相接軌。

所有的生態圈，最終合而為一，成為軸線，與各次元間相接，包含上、下次元和平行的星球。各次元和星球得到地球的能量，且互相輸送能量，彼此滋養的來源就在這軸線，所以軸線的能量品質，直接影響地球未來在宇宙中的位置，和地球人在宇宙中的定位。

當軸線的能量品質是高頻率，則和高次元的磁波是較貼近的，那麼得到祂們的協助也較容易，因為你們距離近了，祂們會下放資訊給你們，包含科技、教育、醫療、文明……幫助地球人快速提升，進階到更高空間。

當你們的頻率一直維持在現狀，那地球人就一直重複性地在原來的狀態裡，打轉再打轉，轉久了，往下次元的機率會大幅提高，是危險的。

如果頻率往下發展，那地球人會面臨文明的崩解，從最原始的起源，再重新走一遭，甚至會改變生命形態和生存模式，而是在二次元的生命範本裡，那就真的辛苦了。

而這個決定權是在全體人類的集體意識裡，大家共同決定去哪裡，每一個人都有份，都賦予了權利和責任。

每一個生態圈並非單獨存在，而是連環效應。想想：漩渦的中心點是引力，往下集中，但漩渦會產生漣漪，這漣漪會一波一波向外擴展，影響了水中周遭的環境。

當兩個漩渦相靠近時，漣漪碰漣漪，又產生了另一股生態、另一股動能、另一股生機。宇宙的變化多端就是來自於這樣的基礎，所以，宇宙唯一不變的法則就是「變」。

而「愛」是宇宙的恆一法則。

善是一切的根源。所有的存在、存有的起源，都是來自於善的起始；所有的創造，都是來自於善的美意。

惡也是被賦予了任務，它的存在，推動了善更增加精華度，兩者（善與惡）的合作，讓空間、生物能精緻化，讓進化的速度能更快速。

當你們見到所謂人類「惡」的事蹟時，別以價值判斷來看待，只要知道它來了，但我不進入這隊伍裡。你的批評只會讓它更強大，也就是給了它食物，讓它長更大了。

相對的道理，當你們覺察到自身的性格缺失時，別以自責來對待。只要知道它們在，但我不要與它們同在。道理在於，不要再餵食它們了，也不要再與它們為伍了，也就是不再如此了。在這樣的覺知裡，就是悟道。經過一段時日，它們就會離開你這生命體。重重地來，輕輕地走，四兩撥千斤地改變自己。

當改變是要用力的，代表著你加入了很多的雜質。往往處理周邊的狀況，比處理核心問題還要更麻煩，那麼力量就會四分五裂，無法用在關鍵點上。結果，問題依然在，而自己卻被消磨殆盡。

用不同的心智來看待「惡」，是人類要學習的。你用中立的立場來看待與對待，它就會輕輕地離開。

自省是一種「看到」，除惡是一份「知道」。

觀看水的漩渦，觀其變化的型態。由中心點到它的擴散面，代表著層層的關聯性。觀看此，有助於對人間的了悟。

觀看水的漩渦

A. 水的漩渦由中心點到擴散面，代表著層層的關聯性。

B. 觀看水的漩渦，有助於對人間的了悟。

採蓮　35*25 cm　2014

09

人性

整體宇宙是以靈性為主體架構，
人性只是推進靈性的一隻手。
要看到自己，但不要害怕自己，
把大我找回來，祂能解答任何問題和開創生命的新指標。

「人性」是個空間容量體，有著載重的功能，也有釋出的能力，也就是有著可開可關、可上可下、可左可右的機制，而這機制是一連串的串聯，具有變動式的移動性。

「串聯＋移動」，代表著「人性」的空間領域是有彈性的，是伸縮的，並非固體化的容器，裝滿了就沒有空間，裝夠了就溢出，並非如此。但，這彈性和伸縮是有「限」度的，在三度空間裡，尚未到達無限的延伸。

因此，這「限」度要能自我掌握，不能任其毫無法度的長大，也不能任其無時無刻地占有你，否則彈性一旦過度拉扯，那就斷了。就如同橡皮筋，一旦斷了，就沒有了功用，就成了無用之物，被丟進了垃圾桶，送進了焚化爐，結局就是「沒有」了。

人性亦是如此，當你在宇宙空間裡，過度的以人性面矗立在大能量場時，就會被處理、甚至消失，因為你就如同斷了的橡皮筋，沒有了用處。

整體宇宙是以靈性為主體架構，而人性只是要推進靈性的一隻手，人性存在的意義，就只是如此而已，別弄反了。你少了一隻手，你身體依然存活；但身體沒有了，那一隻手是存活不下來的。

你們對人性和靈性的認知要翻轉過來，要知道，是哪方服務哪方，要清楚主人是誰、誰是服務者。服務錯了，麻煩就大了。

人性的起始源頭在於「害怕自己」，它的來處可分為兩點：

一、害怕看到、知道，那個不堪的自己，你認為自己是醜陋的、髒髒的。所以，你拒收自己。一旦這麼做了，你就會往外去看別人，導致了你自己和別人關係糾結的產生。

二、你不知道或沒有找到，另一個空間的「你」，一直以為「你」就是眼睛看到的你、鏡子照出來的你。而其實大大的你，在另一個領域場域裡，學習成長與精進；大大的你一直希望和小小的你，能夠相遇、能夠合一。唯有這樣，你的生命才能進階，才有步行的能力，這個「行」是走在宇宙的路上，而非人間的路上。

人間之路是因果業力鋪陳的，宇宙之路是生命鑽石建造的，兩者的差異為：一條是輪迴，一條是創造。

輪迴是重來、再來、再重來，把無盡的生命用在同樣的劇本上。就像你們把音樂 repeat，再 repeat，再再 repeat，生生世世只聽一首歌，永遠沒有新的歌曲，即使聽膩了、聽煩了、聽火大了，還就只是「那一曲」！

那個曲、那個調，成為你生命的「旋律」，直到生命被消耗殆盡，成了無用之物，再被處理掉。

你要這樣對待自己嗎？

要能和自己相處，可以和自己在一起。不論是人性面和靈性面，都是你自己，要有這樣的知道。

人性並非可恥可惡，它只是三次元的基礎原理，你們要先知道、後學會、再解答，就如數理，你要先知道數字、後學會方程式、再解題。但不能生生世世就只停留在數字概念，生命進了數字漩渦，被帶走了。

當你知道人性是你的生存基礎，當你能了悟生命是在生存之上，有了生命才有生存的「在」，你就明瞭熟輕熟重？

要看到自己，但不要害怕自己；要能和人性面的自己在一起，千萬不要把他（另一個自己）藏起來或抗拒他，否則他將會長存。當你有這樣的覺知時，他就失去他的責任，也就是任務完成。

再者，把大大的我找回來，祂是最能幫助你的，因為祂是創造性的，祂有足夠的胸懷和能量，協助在世間的你，解答任何的題目和開創生命的新指標。

兩個你都是你自己，而現在的你被賦予了中立的立場，就是讓兩個不同面向的自己相遇相知，讓你（人性面的自己）、我（中立面的自己）、祂（神性面的自己）能夠在一起。

海洋是包容性極大的動能，如同你們說的「海納百川」，海洋的氣息與氣場，能幫助你們打開「包容度」，走向寬廣的世界。

天地間的工具

接近海

A.海洋的氣息與氣場，幫助我們打開「包容度」，走向寬廣的世界。

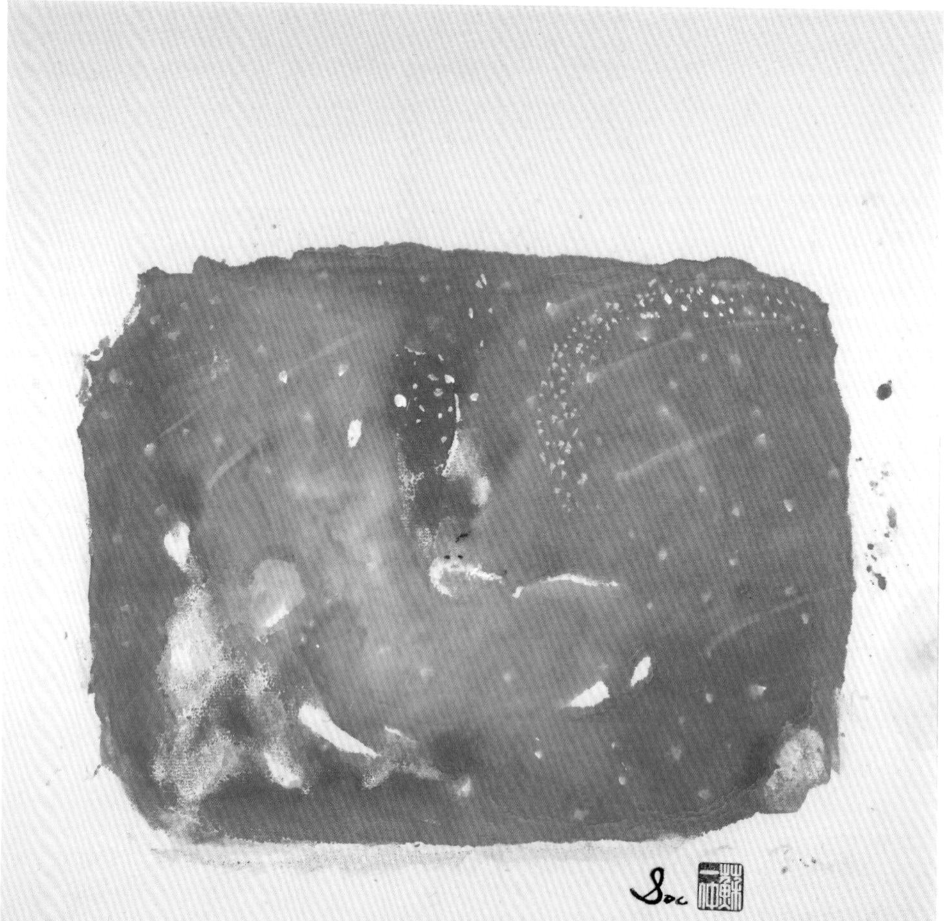

天使的祝福　　34*34 cm　2015

林則徐：「海納百川，有容乃大。壁立千仞，無欲則剛。」

對所有事情皆能處之泰然，就能得到最大的祝福。

——蘇一仲

10 天道

「道」收集你的種種，然後成為一條你的路。
路是可以轉彎的，甚至另闢一條新的路。

宇宙給你們生命，你們創造了宇宙。
天道是因你而有的，天道是為你而在的。

人間稱「道」為一條路、一個方法、一種依循；而天上的「道」卻是宇宙總體生物的綜合狀態，這個全面性的加總意識，成了宇宙的情境和「天的道」。

所以，每個人都在天道裡，每個生物都貢獻了自己，給了別人、給了宇宙。

你的想像成了你的心智，宇宙大能會收集你的心智，成為未來宇宙母體如何存在的依歸。

直接的說法就是：宇宙給你們生命，你們創造了宇宙。

宇宙的「在」，都有你給的氣息在裡面。生命送給你呼吸，但呼吸只是活著，活著加上意識，才成為了你個人的氣息。而你的氣息，會送給了天。全部空間的氣息，就成了「天道」。

天道是你們給天的，並非天給你們的。要了解這個宇宙原理，你才會明白，自己的生命帶給自己的是什麼，又帶給了別人什麼。知道自己的位置是很重要的。

用人類能理解的方法來說明的話，以「家」為代表來簡述：

你出生的所在地、有關之人，是你無法選擇和決定的。你沒有選擇父母的權利，沒有決定家世好壞的能力，你只能被誕生、被接受，這是你一生的起點，不管你樂意不樂意。

從無明界來看，你是無辜的、無奈的、無力的。

從生命界來看，這是你的所得、你的累積、你的作為。

然而，這就是「道」，它收集你的種種，然後成為一條你的路。

世間的你，沒有感知地一直在這條路上行走，卻愈走愈辛苦。你不知道，路是可以轉彎的，甚至另闢一條新的路。

靈性的你，往往求助無門。祂急於想告訴你、協助你，我們還有另外的選擇，有另外的人生可以去開創。

前章已告知了，一個人是由你、我、祂三面的組合體，成為一個「一」人。眾生卻把「一」人切割成了三個人，彼此變成了陌生人，各自做各自的。

那個「你」在辛苦的「受著」，那個「我」就只是「看著」，那個「祂」在「急著」。

受著＋看著＋急著＝生命瓦解了，你到不了更高的次元，也回不到你生命的出源地。結果就是，輪迴再輪迴，同樣又是「那一曲」。

現在，是你生命要打開的時候了，而那個主核心的力量，在那個「我」身上，「我」要去幫助「受著的你」。受是以前的「做」導致現在的「得」，既然「因」是來自於自己，就要轉身看自己，而非別人。

因起了，果來了，讓自己能平心靜氣地走完著果，別再加東加西，如：消沉、埋怨、憤怒……那這條路就有得走了，走不完。

「受著的你」是較屬於頭腦的，給你的頭腦加進正面的理念和良性的知識，它會自動輸入和轉化你慣性的思惟模式，讓你漸漸有一個新的腦袋。

「看著的我」，別只是看著，而是要由「看」轉變成「行」，別永遠用看，看著兩個自己，一個無可奈何地活著，一個心急如焚地等著。「我」只有靠行動，才能幫助那二位。那二位可是苦苦在等候！他們唯一的救世主就是那個「我」。

「急著的祂」等著施展祂的能力，祂常常由上面看著下面的二位，卻無計可施。要不二位不知道祂「在」，要不都不去找祂，但祂卻是二位未來走入美好生命的使者、主宰者、創造者。

當你能把這三位的關係和身分弄清楚了、搞明白了，你就處在新生命的浪頭上了。

這就是「天道」，天道是因你而有的，天道是為你而在的。

可以去感受「山」的雄偉和壯麗，它的渾厚和重度。它帶著深重的情誼在守護著環境、保衛著你們。

如同天對你們的護衛，那麼地深沉，那麼地如實。

天地間的工具

走向山

A.去感受「山」的雄偉和壯麗，渾厚和重度。

B.感受「山」如同「天」對我們的護衛，深沉而如實。

江山如畫　　34*137 cm　2016

蘇東坡在一千多年前感於江西廬山山勢之奇美，寫下了〈題西林壁〉：「橫看成嶺側成峰，遠近高低各不同。不識廬山真面目，只緣身在此山中。」觀山所見如此，分析事物的本質、辨別正邪也是如此。

——蘇一仲

11 凡間

你們自行決定了空間、生活模式、生存型態，
你們是設計者，也是決策者，更是執行者。

你的未來是在整體的未來裡面，
你們的未來是繫於彼此之間。

你們所認知的凡間，乃是由人類族群所組合而成的一個世界。這個世界有著你看到、聞到、摸到、吃到的真實感受，舉凡脫離了這真實，就沒有了其他。

然而那個「其他」，卻是如實存在於宇宙空間裡；而這個「真實」，是由那個「其他」所塑造而成的。也就是先有了「其他」，才有了「真實」。

具體來說：其他就是「靈魂」，真實是「人」。

先有了靈魂族群，才有了人類這個生物族群，地球人的由來是四面八方的靈魂所聚集而成的。宇宙靈魂的品質有高高低低、強強弱弱，但屬性較相似的，會集中歸置於同樣的領域場，再依據總體靈魂共同意願所想要經歷的生命進展，設計一個共同生命勢能所要推進的程式。而這個程式的內容，就是如今你們的「凡間」。

所以，你們的空間、生活模式、生存型態，是每一位人類的決定。你們是設計者，也是決策者，更是執行者。

站在這三面的自己，是否該對自我的生命多一份「臣服」呢？臣服於：現今所有的種種皆來自於自己的「想」，自己的「要」，當然也要自己去

「行」。「行天道」的真相就是行自己的人生之道，天之道乃來自於人之道。

靈魂是族群性的，每一個次元都是由靈性品質相近的靈魂們去創造、去形成的，因此大家都很像：有一樣的好，也有一樣的不好；有一樣的課題，也有一樣的成長方向。

「共生」是每一次元的基礎方針，而「共好」卻是你們三次元所要前進學習的。

在每一次元程式設定時，都有成長二部曲，也就是「程式一」帶「程式二」。當下的生命形態是既定的程式在運轉，宇宙會留下空間，讓程式有進階的潛能，而這潛能是有另外二個程式的存在。會有這樣的準備是因為：所有的生命體必須是往前走、往上揚升的。

程式一是按部就班地前進一階，程式二是跨越性地提升二階。以你們為例，就是三次元至四次元，或三次元至五次元，次元的到達取決於群體生命「進化」的程度。

你們、我們都是族群性與整體化，所以集體意識最後會形成一股力量，也就是變成一個「一」，由這個「一」來決定，哪個程式是我們的未來。

人群　29*31 cm　2015

你的未來是在整體的未來裡面，你無法跳脫，因為你已經在裡面了，你們已經在一起了，只能大家共同前進。你們要有這樣的知道，否則「互助」、「利他」的原由是為何呢？

由個體來說，「互助、利他」是由負面能量轉化正面能量最快速、最輕盈的方式。因為「利他」所形成的正面能量是由「無我」的狀態所造成的，一旦「我」縮小了，負向的能量就容易鬆綁，容易走了，也就是業力較快速解除。

由整體來說，「互助、利他」是四次元生命體的主韻律，你們必須將現今的意識調整至此，才能有機會跨進四次元的階梯。意識的終端就是能量，當能量的質能轉化至與高次元的質能相近時，才能穿梭時空點，進入四次元空間裡，這就是「共好」。

「互助、利他、共生、共好」是人類現在共同的成長方向，你們的未來是繫於彼此之間。

天地間的工具

互助、利他

A.「無我」的狀態造成「利他」的正面能量，一旦「我」縮小了，負向的能量就易鬆綁，容易走了，業力較快速解除。

B.當能量的質能轉化至與高次元的質能相近時，才能穿梭時空點，進入四次元空間裡，這就是「共好」。

12 心靈情緒

「情緒」如影隨形，成為了你生命的引路人。
靈性情緒就是靈魂的心情，也會起起落落。

靈魂的心情是因空間而引起的，
你必須把你的「身體」放到靈魂需要的地方。

「心靈情緒」與「靈性情緒」有所同也有所異。相同之處在於，都是一種動能，一種必須被表達出來的勢能；相異之處在於，進入的點有深淺之別，也就是那股動能來自的地方不同，要去的地方也不同。

「心靈情緒」是來自於外在生活、外在教育、外在環境給予你的經歷，而你把它們存起來，疊加在你的情緒體內。

「靈性情緒」是來自於記憶檔案內的內存資料庫，也就是累累世世裡，你經驗過的重大事件，引起了重度的感受。而這個「重」到達了一種「強」度時，檔案會自動建檔，把這份經歷轉換成事件的紀錄，也就代表這是你生命所需要學習的課題。更直接的說法，就是你生命的材料。

當你活在世間的每一天時，「情緒」這個波動如影隨形地與你在一起。它引動了你所有的行為，成為了你生命的引路人；它指引你往東西南北的方向。然而不同的方向造就不同的人生，所以，它對你的影響是很大的。

一個人，有兩個「情緒」層面在你體內，一個是人性面，一個是靈性面。你們會認為，人性的比較容易處理，靈性的較難。然而，事實是相反的。

靈魂記憶能量的解決是較快速的，只要你找到了方法，用對了方式，它是容易的。

而人性的情緒反而是麻煩事，因為你們身處在感官世界，所有的「感受」皆來自每日的遇到和發生。這些人、事、物緊緊地拉引著你，引動著你心境的波率，你們很容易就投降了，很快把自己交出去，把自己送給這些外在的人、事、物，由它們來處理你。

你會發現，它們把你處理得一乾二淨，然後來主導你、主控你。你的生命被它們占得滿滿滿，自己卻不見了。

當自己消失了，覺性就沒有了，只剩下渾沌的心，這樣的心性，又引來更多的問題。就這樣，輪迴不斷地發生，最終就陣亡了。

靈性情緒就是靈魂的心情。靈魂本身是個方程式，在整個大空間裡運用這個方程式（就如同你運用你的身體），轉動著本身生命光源的內容；在同時運轉之時，也依據天體的變化，而撞擊出不同的成分元素。所以靈魂也隨時在變動中，靈魂也會起起落落、上上下下地震盪，也有心情好壞的問題。

你們人間的心情，會依據外在的人、事、物而起伏；而靈魂的心情，則是受外在空間環境的影響，造成頻率的高低。

靈魂的心情是依據空間而引起的，是依據頻率高低而在的，所以，處理靈魂心情的方法，就是在大自然。大自然界是萬生萬物的合體，有萬萬種的波率在裡面，你靈魂需要的頻率一定在其中，只要你的「人」走進去（大自然），你的「靈魂」自動會啟動方程式，去運轉、調整祂本身該減的、該加的一切。

你必須把你的「身體」放到靈魂需要的地方，這就是你最大的責任。而人性情緒的解決，全然來自於「智慧」。智慧來自於經歷，沒有了經歷，沒有了體驗，運化不出智慧。如同土裡沒有種子就長不出植物，是同等的道理。

然而智慧怎麼得？我在第一本、第二本及這第三本書已說明完整了，其他就靠各自生命體的願意了。

走進大自然

A.人的心情是依外在的人、事、物而起伏；靈魂的心情是受外在空間環境的影響。所以，要把你的「身體」放到靈魂需要的地方——大自然。

B.只要「人」走進大自然，「靈魂」自動會啟動方程式，去運轉、調整祂本身該減的、該加的一切。

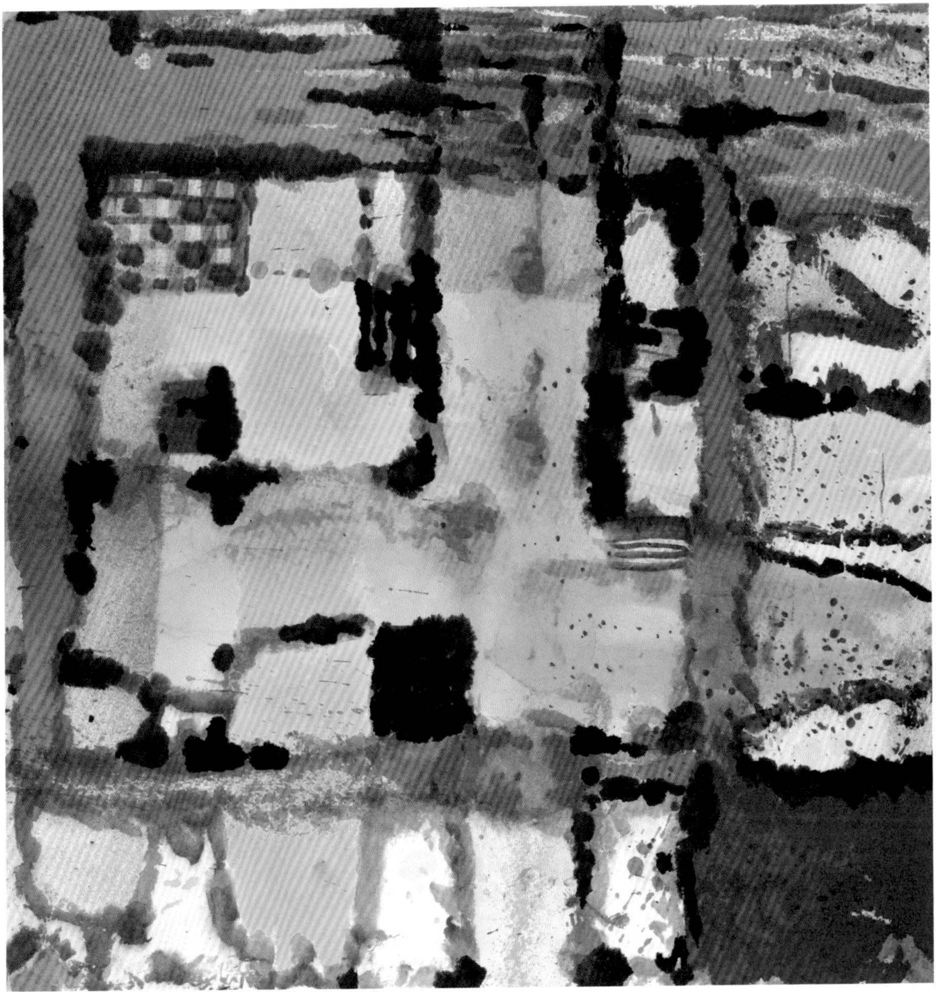

何去何從　68*67 cm　2016

13

你的願意

人生劇本是自找的，清楚明白這個原理，
才能將「業力」轉換跑道成為「原力」。

「感恩」是還原初始自己的唯一途徑，
「願意」是人間轉向美好生活的原點。

「願意」是重建你生命的第一道門。沒有進入這道門，你依然是你，你依舊還是你，最後，你仍然就只是你。然後，就聽到嘆息聲：「我就只是這樣！」

要有一絲的覺性、一聲微弱的聲音，告訴自己：「我似乎不只是這樣！」那麼這道門，自動會為你而開。如同夜晚中，那一道光照進你屋中，即使是微微的，卻是最亮的，因它是方向的指南。

循著那方向走進去，一片光明在那裡，裡面沒有任何東西，只有光和你，原因是：光要服務你，光要幫助你，重塑一個「新的你」。你在「舊的你」玩得太久了，把玩具都玩過了，結果，沒得玩了，就以拆解玩具為樂，再來就以破壞玩具為題。玩具無辜了，你人也糟糕了。

門裡的光和你，可以是合一的、成為一體的；也可以光是光、你是你。只是這樣就浪費了，但還是比你在較低密度的空間裡玩著玩具來得好。

如何與光在一起呢？就是你要渴望祂，祂就會上你的身，成為連體嬰。

光在大環境裡是無所不在的，任由任何生命體使用。但宇宙是絕對要尊重每一位生命的意願，沒有你自己的意願，任何高低次元、任何高智慧生命

（神、佛、上帝、光……），甚至於宇宙母親，都不能干涉任何的生命體，因為「你」在宇宙中是最大的。

然而，人生劇本是由你自己累世的行為意念而在今世來找你的，它們是透過你而有的。所以，它們一定歸屬「你」的。

這些是真理，宇宙裡的真相。人們啊！要清清楚楚、明明白白這個基礎的原理，你們才能將「業力」轉換跑道成為「原力」（生命原始的動能）。當你了解了，將可以把業力逐一逐一還原至最初始的自己，「自性本我」就開始出來了。

怎麼還原呢？「感恩」是唯一的途徑，「感恩」是崩解分離這些低頻率的高震波，它們自會去對焦處理，就不勞你了！

當你的「人」愈來愈小，「自性本我」愈來愈大時，才能接近光；再渴望光，光自會找上門。當你和光能在一起時，光就會協助你創造你所要的生活、生存、生命，達至靈魂的提升。而非所謂人性的「要、要、要」，這是要不到的，因為距離太遠了，祂走不進來，你也上不去；是要把自己淨化，變輕、變乾淨了，你們才遇得到。

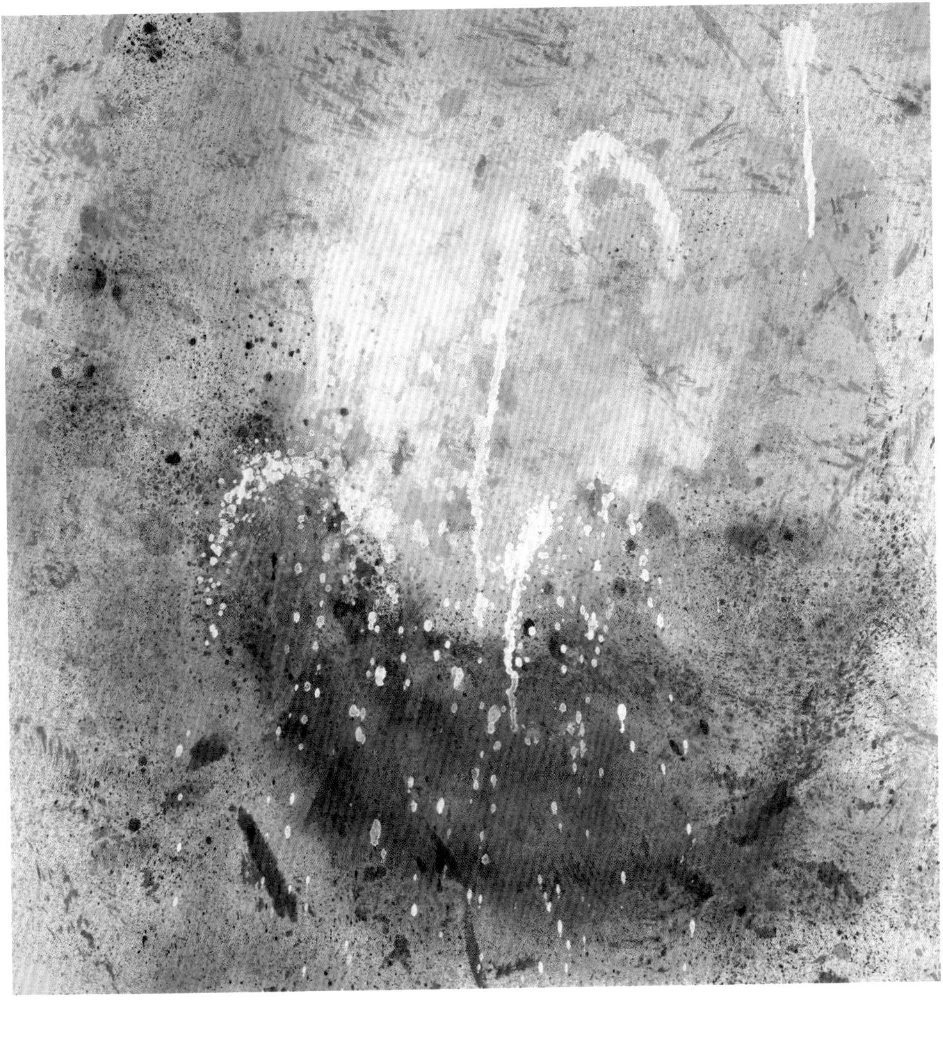

新生　68*67 cm　2016

「願意」是人間轉向美好生活的原點，也是靈魂深處的揚升點。沒有了「願意」，就沒有了勢能。在人間的說法，沒有勢力、沒有能力，就只能這樣了。這世這樣，來世也是這樣，再來來世還是這樣，生命靈魂永永遠遠就這樣了。

「願意」在宇宙中是「至大法則」，因為所有的改變皆來自於它。

天地間的工具

從感恩開始

A.還原「自性本我」，「感恩」是唯一的途徑。當「自性本我」愈來愈大時，才能接近光。

B.接著渴望光，光自會找上門。

C.當你和光能在一起時，光就會協助你創造你所要的生活、生存、生命，達至靈魂的提升。

14 變臉

氣質就是你個人所散發出的氣息，
氣息就如同花朵的芬芳，風的吹拂讓芬芳無限。

好品質的靈魂，會呈現出好質感的氣質，
也能對整體環境提高正面的能量。

精生體，氣生相，神生質。精、氣、神組成了「你」，「三」者的合成變成一個「一」，再由「一」運化出千千萬萬。

「精」乃為你身體內部真正實質的內含物，精即是液態，也就是流動性的。你們的身體看似是扎扎實實的，其實是由液體所餵養而成的，當你把身上的液汁抽乾時，所有的器官、骨骼、皮膚、毛髮，皆呈片片的而已。所以，液汁是你們身體組織之母，母親體質的好壞又決定了孩子的健康與否。你們身體的母親需要之物為食物，食物輾轉成為液汁，再去餵養你身體的種種。

對於食物的選擇，是至關重要的。目前人類對此已有相當程度的了解，在此不再闡述了。然而運動能將液汁充分地完整輸送到身體各個角落，能夠讓液體加了力氣，能夠讓液體更加平均分配。因為每個器官都有獨自的意識，有些器官會想拿得多，也就是過量了；運動能夠讓各個器官在當下獲得現在需要的，而非索取。

「精」生體，體為你的身體，是生為人的基石。

「氣」生成相，相就是你的臉、你的長相，臉長得漂不漂亮和美不美，是兩個境界。漂亮、帥是福報對你的報酬，美、凜然是心性給你的禮物。

報酬是你以前「做到」的，所以你拿到了；禮物是一份慶典，它是沒有計「量」的，可以源源不斷。你們喜歡哪一種呢？

「氣」是來自於你個人心性對你的表達，心裡面裝著什麼氣，就生成了什麼，臉就長成了什麼。想要美、想要凜然，就看你的「心」了。

當你不知道自己的心去哪裡了，最簡單的檢測方法就是：走到鏡子前，好好地看看自己，你就會有所領悟的。

「神」生化成質，這個質就是氣質，就是你個人所散發出的氣息。氣息就如同花朵的芬芳，垂頭喪氣的花朵是無法給出芬芳的；生氣勃勃的花兒，吐出了芬芳，給了大家，再由風的吹拂，讓芬芳無限！滋養了萬物，萬物必會回饋你。芬芳成了無限值，回來成就、成全你。

而這個「神」就是你的靈性品質。好品質的靈魂，會呈現出好質感的氣質，也對整體環境提高正面的能量。

你們想要「變臉」，就在這三者裡，三為一，一生萬，萬成你。

當你不知道自己的心去哪裡了，最簡單的檢測方法就是：走到鏡子前，好好地看看自己，你就會有所領悟的。

天地間的工具

照鏡子

A.檢測自己的心去哪裡了？方法是：走到鏡子前，好好地看看自己。

鏡子看到的，是外貌與結果。但精氣神所反照的，不論是心如止水，還是春心蕩漾，都是最真實的自己。

——蘇一仲

春心蕩漾　34*137 cm　2016

15 成就

世間性的「成功」是個人性的，
包容性的「成就」是集體化的。

成功是片面性的拿到，
成就是全面性的收穫。

你們往往說「他是成功人士」、「我要成功人生」。然而何謂成功？何謂成就？

成功與成就可以是好朋友，也可以是親戚。

好朋友是因有屬性相同的部分，才能有機會在一起，但又是不同的個體；而親戚是有部分的血緣脈絡，但還是各別獨立。原因在於：兩者有部分的重疊，有部分的交錯。如果，能把重疊和交錯的，整合成一個人的人生，那就是「全然的生命體」。

「成功」是世間性較強，也就是個人性的代表是強烈的；而「成就」是溫吞的，是包容性的，是集體化的，是對生命的最高宗旨，也是生命對自我的最高嚮往。

「成功」的世間顯化，不外乎事業、家庭、財富、健康、人際關係、身分、位置……它的圈子就只是如此：一會兒轉這項，一會兒轉那項；一會兒轉到這項，又漏了那項；一會兒轉回那項，這項又轉不動了……

就這樣，轉來轉去，轉得頭昏昏、眼花花，最後能剩下幾項，也只能「認了」。

一旦認了這幾項，就流失了那幾項；流失的那些項目，就成了沒有及格或沒有交出去的作業。老師退件或要你補交，這就是人生課題的來源。所以，沒有真正的成功人士和成功的人生。

「成就」是以生命（靈性）為主題，以致發展到人性。靈性是涵蓋人性的，也就是生命體的本質是靈性，當你到達了主體時，附件自然也會好了。

但人們現在都把主體、附件弄顛倒了，以為五觀感受到的才是真的，把生命的主體丟到遠遠的。

如同你的一個手指頭、一個腳趾頭，只是你身體中的一小部分，但人們如果只管照顧這一個手指、這一個腳趾，把所有的力氣和力量只放在這而已，那就走偏了。一個手指、一個腳趾有它的功能和存在的必要，但它只是你的一小小部分；而這個大大的部分（身體），你卻漠不關心，也不理會。要知道，身體才是所有，才能真正發揮出你的存在。

手指和腳趾是聽從身體的指揮，它無法成為主人的。你要讓主人發揮起他的功能，而不是像江湖的兩條路，各不相關。有了主人的照顧，你能得到的就是成就，而非只是成功。

成功是片面性的拿到，而成就是全面性的收穫。你覺得，你喜歡哪一種呢？

天地間的工具

體會生命主體

A.關照你的大我。

B.了解「成功」與「成就」的差別。

綻放　70*138 cm　2016

16

諸法

經過學習，才能讓生命晶瑩剔透。
不要害怕人生習題，這是宇宙給予的最大美意。

為自己負責，因為你們是自己的設計師。
你們無法靠著別人的翅膀，飛上自己的天空。

諸法自性清淨故。法法相源，法理相通，諸法本為一家，本為同源，本為「一」。

「法」是因為人的需要，而非「法」自身的必要。這是重要的知道。

「法」因人而在，「法」本身是空相的，所以，「法」有萬億種法門，只要你需要，祂就在，祂就無限地給予，祂沒有「制」也沒有「止」，一切因你而有的。

由此可知，你們每一位和宇宙是如此地相關連，就如臍帶相連，剪不開也斷不了。這不是血脈相連、血濃於水的關係而已，而是生命的真相和真理。

你們生命的本質，和你們與人類族群的關係，是全然不同的。

人與人之間、族群與族群之間的關係，是可在、可不在的，因為可以再造不同的「人」和「生命體族群」。生命體的功能，也就是：「人」可以向上發展，也可以向下延伸，也可以打破，任何可能性，都可能發生。

然而，你在宇宙間生命光源的存在，才是真正的存有，那才是你生命的位置。

你的身體、心性是為了幫助你的靈性（生命光源），能到達宇宙中更好的去處，和更亮的位置。所以，你現在的「做」，不只是為世間的你，而是全面的自己。

你的「做」影響了祂，祂的位置更影響了現在的你和來世的你。這種關係，就如同食物和身體的關係，必須互相效力，必須互相依存，必須的必須。

你的「人」站立在地球，你的「靈魂」矗立在宇宙。人在世間有種種的需要，因為有種種的學習課題，也就是要過五關斬六將，透過經歷一個又一個學習，讓在世的你走向生命的大道上。

經過學習才能讓生命晶瑩剔透。不要害怕人生習題，因為這是宇宙給予的最大美意，也是你們個人生命與群體生命對自己的協議而要來的。

這些習題的內容，小至個人，大至所有地球人，都是你們自己設計的。你們設計了，宇宙就成全了。因此，所有的人都必須為自己負責，因為你們自己是自己的設計師。

你的「人」在世間過關卡，你的「靈魂」在宇宙中有諸多智慧可以提供給你的「人」，幫助你一關一關地走過。但你的「人」卻不知這些，反而用盡了人的蠻力，結果氣竭力衰了，卻還一直停留在關內，過不了也斬不斷。

天上宮闕　138*70 cm　2016

「法」就是「宇宙中的你」要幫助「世間的你」，給你方法，給你智慧。

「諸法」就是：世間的你，在不同的層面上，在不同的習題上，依據你的階段性，根據你擴及的領域、面向，而提供適時、適宜的方法，完全依循你當下的需要而變化的。

何謂智者？智者就是：了解宇宙法則，了解自己本身所「有」的，而將自己的「有」用在自己的身上，而非往外看、往外求。

你們無法靠著別人的翅膀，飛上自己的天空。

天地間的工具

學習

A.人生習題是宇宙給予的最大美意，經過學習才能讓生命晶瑩剔透。

B.連結「宇宙中的你」，給「世間的你」方法與智慧。

17 你的自己們

「人性」之所以永存，主要在於
你無法和自己們相處、你無法接受自己的陰暗面。
不接受、不看到，無法讓它們不存在，
不要害怕自己，而是要共生、共處、共好。

人有兩個面，一面是人性，一面是靈性。

人性是懦弱的自己，靈性是創造的自己。

可以透過現在的生活狀況去檢視，自己在哪裡？

你們往往被人性占有，以至於生活、生存常處於奔波狀態，緣分、關係常位於「天不從人願」的處境。

然而，你們卻不知曉，這是你們自己要來的。你一定在想：「我又不是腦袋裝糨糊了，自己欺負自己？」

事實證明，唉！人是顛倒的。沒有那些痛，似乎無法向諸多兄弟姊妹證明：「喂，我在這呢！」

你們社會上有很多的霸凌事件，校園霸凌、職場霸凌、家庭霸凌、網路霸凌……殊不知，霸凌功力最強的，是你自己，而且每天上演，而霸凌的對象是「在下您」。

完整來說這句話：你們每天自己在霸凌自己。

不讓自己好過，似乎成了你們的終身目標。

霸凌的發生，往往著眼於三個點：人、事、物。

人：你自己。

事：痛，很痛，痛得要命。

物：壞壞的自己們。

我放了一個「們」，是因為：你們有很多個自己，你不只是你，你是由很多個你而組成一個你。

那個自己們常常欺負你，有時甚至上癮了。而「你」卻以為是別人，認為：都是他，我才如此；都是他，才導致如今；都是他們，我才慘兮兮。一切的一切，都是他，都是他、他們。

看錯了，命運就走錯了。

「自己們」是哪裡來的呢？是人性來的，是腦袋的你，是社會教育的你，是因果的你。

人性會讓我們變得硬梆梆的，和自己、和別人對上了，自己成為「加害者與被害者」。

你們不斷地同時在扮演兩個角色：加害者與被害者。就這樣，又左又右，結果呢？一生就被自己玩完了。這一世沒玩夠，下世再來，下下世再繼續！

如果，你覺得好玩，那我們也是沒意見的。

但，命運是可以有所不同的，可以有所作為的。關鍵在於，你有沒有找到自己？找到：

1. 一切的發生是源自於自己。

2. 自己怎麼了？

3. 如何讓自己不再這樣？

當你能找到了這三點，那你就靠近了你的新生命。

在此，來探討有關於人性的核心問題。

你們都知道「人性」，恐懼、貪婪、自私……不再多加述之了。如何讓人性離自己遠一點，別老是黏膩膩的，就是「和它們在一起」。

人性的永存在於「你無法和自己們相處」，你無法接受自己的陰暗面，你不承認、不接受「它們」就是你了，甚至把它們緊緊地藏起來。你的不接受、不看到，無法讓它們不存在，反而愈往裡面走，就是愈深層了。最後，「它們統治了你」，障礙了你和另一個美好的你相遇，就是具有創造能力的你，有功夫的你，靈性的你，大我的你。

相隔千萬里，見面難哦！連一面都見不上，如何來教你功夫呢？

在此要告訴你們的是：不要害怕自己，找出你的「自己們」，不要抗拒它們、對立它們，而是彼此要共生、共處、共好。

當你們有了這樣的了解，有了這般的勇氣，你的大我就強壯了，你的小我們自然一個一個就走了。

你的生命，就不再是從前了，而是前進的新生命。

天地間的工具

接受

A.找出你的「自己們」，不要抗拒它們、對立它們，而是彼此要共生、共處、共好。

B.了解「自己們」，你的大我就強壯了，你的小我們自然一個一個走了。

宇宙充滿變數，人生亦然。有如「蝴蝶效應」，巴西的一隻蝴蝶拍一下翅膀，在德州引起龍捲風。

因果關係錯綜複雜。十字路口，找出自己們。

誠如美國名心理學家馬斯洛（Abraham H. Maslow, 1908~1970）曾說：「心若改變，態度跟著改變；態度改變，習慣跟著改變；習慣改變，性格跟著改變；性格改變，人生就會改變。」

——蘇一仲

骨牌效應　137*70 cm　2016

18 鬆與綁

所有來到你生命中的一切，是為了你而來的，
而鬆綁的核心要素是「了解關係」。

「了解」就如同一把剪刀，
剪掉你和所有種種關係的糾結。

鬆綁就是「打開」、「解開」。

生命是由每一次的人生加總合成的，原本應該是疊加上去的，也就是階梯漸進式的，一階一階地往上走。但人性的索然，把階梯式變成綑綁了，把原本往上的方向，變成往左左右右的方向。

「方向」是很重要的，一但方向走錯了，結果就兩分法，分兩邊了。往上走，你揚升了；往左右走，你被綑住了。

兩者不同之處在於：你是否了解到，所有來到你生命中的一切，世間的人、事、物，是為了你而來的、而有的。它們的存在，只有一個目的，就是「犧牲自己，成就你」。為了讓你能成為更好的人，為了讓你的生命能往高處去，它們做了那個「材料」。

當你能領悟到這個道理，你會全然地感謝，你不會緊張、恐懼，因為你知道：它們只是在執行任務，任務完成了，它們就走了。宇宙裡面沒有強盜、沒有霸凌，只有公平法則。

用時間來看，或許你會覺得不公平；用時空來看，絕對是公平的，因為一切依法行事。

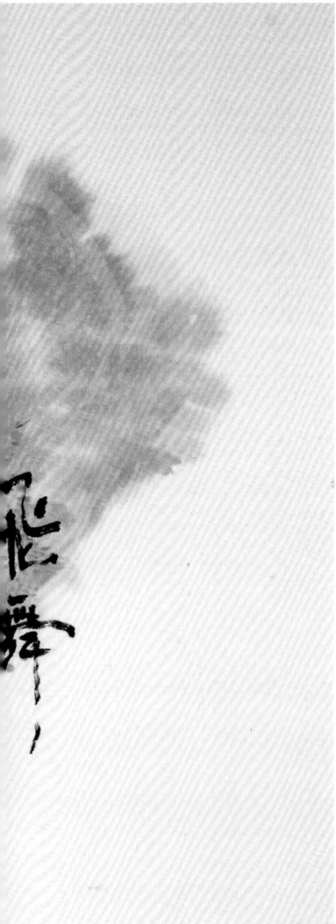

竹林七賢，隱居山林，醉酒放歌、隨心起舞。
脫掉束縛，剪掉你和所有種種關係的糾結。

——蘇一仲

飛舞 25*35 cm 2015

但當你看反了，以為它們是來折磨你、欺負你，那它們對你而言，就會如同一條長長的毛線，把你一層一層地綑住。

結果，你成了「毛線球」，你的人生通通都是毛線（麻煩）。被麻煩結成了一團，自己沒有了，只剩下糾結、糾結、再糾結。

鬆綁的核心要素是「了解關係」。了解你和你的「人」的關係，了解你和「別人」的關係，了解你和「事件」的關係，了解你和「發生」的關係，了解你和「生命」的關係。

「了解」就如同一把剪刀，剪掉你和所有種種關係的糾結。

當你能了解了，那些線就被剪開了，你就被打開了。

天地間的工具

了解

A.了解你和你的「人」的關係。

B.了解你和「別人」的關係。

C.了解你和「事件」的關係。

D.了解你和「發生」的關係。

E.了解你和「生命」的關係。

19 天命與修行

宇宙不會把你無法承擔的放在你身上，
你絕對可以涵蓋這空間要你經歷的一切。

天命與修行是同步的，
但最重要的要點是「覺醒」。

天命，乃是生命本源所具備的包含性，也就是「靈體本身的出源」及「歷經宇宙空間學習」的總體生命。

簡單說明：原本你生命光源誕生在六度次元，經過靈魂的學習和成長，由六度到七、八度次元，現今乃在八度空間；而八度次元的所有存有，皆有共同的能量、氣場、磁波……其實整體就是一個大程式。所有次元的存有，依循著這大程式，運行生命本源所需的元素和學習的內容。

然而，每一位存有，也皆有各自的程式。每一個靈體的程式皆不同，原因在於：即使現在在同一個次元，但每一個生命光圈的內容物不一樣，因為出源地和經歷學習過的次元不同，以及每位靈體所選擇的意向學習層面也不同。

有些靈體選擇向上揚升，有些靈體選擇向下擴展。向上的靈體，能量較集中，在人間比喻，就是專業人士；向下的靈體，能量是開放性的、延展性的，在人間的比喻就是企業人士。

要了解的是：當你的靈體是矗立在八次元時，以下次元的能量皆涵蓋在你靈體內。但，有些次元你走過，有些次元並沒有經歷過，就會呈現「較融合」

的狀況或「要去適應」的問題。這是其一的問題。

其二的問題：你走過的次元都留下曾經和你同在的靈體，有些依然在同次元，有些向上走了，有些向下去了。但你們都有交情的，也就是你們世間的「人脈關係」。

就如同你曾經的朋友，現在即使去了任何國家，但你們都還是朋友，有事依然找得到人，依然能得到協助和合作。這就是「能量網絡」的連結。

天命，就是你靈體所具備的，每一次元的大程式加上各自的小程式，而來到你現在所處的空間，你就是「天命」。

你負責了能量的引動和轉化，而當你現在所處的星球，能量不對等和不平衡時，如果原因是在於「心性」的問題上，那你很自然的，就會走入修行、心靈成長的領域裡。因你的靈體知道，那裡是關鍵和核心地。

但，每個星球是不同的。地球人的習題，和其他星球人的習題並不相同，每一個星球所要學習的成分是不一樣的，即使是平行的星球（同等次元），也還是程式不同。

宇宙大電腦會根據每位靈體的經歷，將靈體分類到不同的星際和星球。

你能夠來到這裡（地球），就代表你生命本源足以勝任這環境空間所需的，宇宙不會把你無法承擔的放在你身上，你絕對是具備了對這空間的涵蓋性。

「天命與修行」就是：你各自小程式的運轉，連結到靈體的總體生命程式，你的靈體自然會把你的「人」推向前，放進「天命」的事和位置上。

當你覺醒了自身生命的目的時，進而「起而行」，在「行」的過程裡，身為地球人的程式會漸漸地轉變，有加有減有乘有除，最後能夠融入你靈魂的總能量裡。

天命與修行是同步的，但最重要的要點是「覺醒」。

天地間的工具

覺醒

A. 宇宙不會把你無法承擔的放在你身上。

B. 清楚自身生命的目的時，進而「起而行」。

降臨　136*69 cm　2016

20 主人

與自己的主人連結，
祂才能真正地創造你。

「愛」
是唯一能帶領你「回家」的主人。

在這裡，要結尾了。

這三本書，我以身、心、靈的方方面面給予你們前進的方向，能否得「道」，就看你們各自的「做到」了。

身、心、靈本質是一位一體的，是一個人的概念，是平衡性的存在，是統一性的存有，他們沒有主僕的關係。他們是組合體，組合為一個；並非拆解體，分三位。

然而，誰是他們的主人呢？

「祂」是所有生物體的主人，唯一的主人，是所有生命誕生的基因。你要先有了基因，才能有了生命，繼而有了意識（心），再有了身。

你的基因就是來自「祂」的分子。也就是「祂」是所有次元、所有星際、所有生命的唯一大本營，我們皆來自於「祂」，最終也回歸於「祂」。

你想找到主人？或你想成為主人？就要與「祂」緊緊相連，只有祂才足以給予你任何所想的。

我們高智慧的生命體，只能給你們引導的方針，和宇宙裡的「道」和「理」，協助你們往高頻率的空間去，不要將自己一直放在低密度的次元中。

我們能做的，也就到這裡了。而你們要與自己的主人連結，祂才能真正地創造你。祂運化了你，祂成就了你，祂也是唯一能帶領你「回家」的主人。

祂就是一個字：愛。

台灣習俗流傳，神明爐發爐是好兆頭，越發越旺。

小時候，家住在彰化鹿港，奉天宮蘇府大二三王爺廟旁，熙熙攘攘的香客，那時廟裡的香爐老是插滿焚香。

發爐，發的是人們對未來的信仰，也是對未來的希望。

——蘇一仲

發爐　68*69 cm　2015

國家圖書館出版品預行編目 (CIP) 資料

主人：你不是獨自一個人。但唯一能帶領你回家的，是「愛」。 / 心玲著．-- 初版．-- 臺北市：商周出版：家庭傳媒城邦分公司發行，2017.03
面；　公分
ISBN 978-986-477-193-6(平裝)

1. 靈修

192.1　　106002005

主人

你不是獨自一個人。但唯一能帶領你回家的，是「愛」。

作　　者　心玲
繪　　圖　蘇一仲
企劃選書
責任編輯　徐藍萍
編輯協力　廖學駿

版　　權　翁靜如、吳亭儀
行銷業務　莊晏青、王瑜
總 編 輯　徐藍萍
總 經 理　彭之琬
發 行 人　何飛鵬
法律顧問　台英國際商務法律事務所羅明通律師
出　　版　商周出版　台北市 104 民生東路二段 141 號 9 樓
電話：(02) 25007008　傳真：(02)25007759
E-mail：ct-bwp@cite.com.tw　Blog：http://bwp25007008.pixnet.net/blog
發　　行　英屬蓋曼群島商家庭傳媒股份有限公司城邦分公司
台北市中山區民生東路二段 141 號 2 樓
書虫客服服務專線：02-25007718　02-25007719
24 小時傳真服務：02-25001990　02-25001991
服務時間：週一至週五 9:30-12:00　13:30-17:00
劃撥帳號：19863813　戶名：書虫股份有限公司
讀者服務信箱 E-mail：service@readingclub.com.tw
香港發行所　城邦（香港）出版集團有限公司　香港灣仔駱克道 193 號東超商業中心 1 樓
E-mail: hkcite@biznetvigator.com　電話：(852)25086231　傳真：(852)25789337
馬新發行所　城邦（馬新）出版集團 Cite (M) Sdn Bhd
41, Jalan Radin Anum, Bandar Baru Sri Petaling, 57000 Kuala Lumpur, Malaysia.
Tel: (603) 90578822　Fax: (603) 90576622　Email: cite@cite.com.my

封面設計　張燕儀
印　　刷　卡樂製版印刷事業有限公司
總 經 銷　聯合發行股份有限公司　新北市 231 新店區寶橋路 235 巷 6 弄 6 號 2 樓
電話：(02) 2917-8022　傳真：(02) 2911-0053

■2017 年 3 月 2 日初版
定價 280 元

城邦讀書花園
www.cite.com.tw

Printed in Taiwan

　ISBN 978-986-477-193-6

商周出版

廣　告　回　函
北區郵政管理登記證
北臺字第000791號
郵資已付，免貼郵票

104　台北市民生東路二段141號2樓

英屬蓋曼群島商家庭傳媒股份有限公司城邦分公司　收

請沿虛線對摺，謝謝！

商周出版

書號：BU7053　　書名：主人　　編碼：

請於此處用膠水黏貼

商周出版

讀者回函卡

謝謝您購買我們出版的書籍！請費心填寫此回函卡，我們將不定期寄上城邦集團最新的出版訊息。

姓名：________________

性別：□男 □女

生日：西元________年________月________日

地址：________________

聯絡電話：________________ 傳真：________________

E-mail：________________

職業：□1.學生 □2.軍公教 □3.服務 □4.金融 □5.製造 □6.資訊

□7.傳播 □8.自由業 □9.農漁牧 □10.家管 □11.退休

□12.其他________________

您從何種方式得知本書消息?

□1.書店□2.網路□3.報紙□4.雜誌□5.廣播 □6.電視 □7.親友推薦

□8.其他________________

您通常以何種方式購書?

□1.書店□2.網路□3.傳真訂購□4.郵局劃撥 □5.其他________

您喜歡閱讀哪些類別的書籍?

□1.財經商業□2.自然科學 □3.歷史□4.法律□5.文學□6.休閒旅遊

□7.小說□8.人物傳記□9.生活、勵志□10.其他________

對我們的建議：

____

____

____

____

請於此處用膠水黏貼